BEI GRIN MACHT SICH IHR WISSEN BEZAHLT

Yannick Lowin

Lewwer duad üs Slaaw

Die Landvolkbewegung im Kräftefeld von rechtskonservativen Aktivisten und Nationalsozialismus

GRIN Verlag

Bibliografische Information der Deutschen Nationalbibliothek:

Die Deutsche Bibliothek verzeichnet diese Publikation in der Deutschen National-
bibliografie; detaillierte bibliografische Daten sind im Internet über http://dnb.d-
nb.de/ abrufbar.

Impressum:

Copyright © 2010 GRIN Verlag, Open Publishing GmbH
Druck und Bindung: Books on Demand GmbH, Norderstedt Germany
ISBN: 978-3-640-96005-7

Dieses Buch bei GRIN:

http://www.grin.com/de/e-book/175109/lewwer-duad-ues-slaaw

GRIN - Your knowledge has value

Der GRIN Verlag publiziert seit 1998 wissenschaftliche Arbeiten von Studenten, Hochschullehrern und anderen Akademikern als eBook und gedrucktes Buch. Die Verlagswebsite www.grin.com ist die ideale Plattform zur Veröffentlichung von Hausarbeiten, Abschlussarbeiten, wissenschaftlichen Aufsätzen, Dissertationen und Fachbüchern.

Besuchen Sie uns im Internet:

http://www.grin.com/

http://www.facebook.com/grincom

http://www.twitter.com/grin_com

Georg-August-Universität Göttingen
Seminar für mittlere und neuere Geschichte
Generation und Gewalt

Sommersemester 2010

„Lewwer duad üs Slaaw"

- die Landvolkbewegung im Kräftefeld von rechtskonservativen Aktivisten und Nationalsozialismus -

06.09.10

Lowin, Yannick

2-Fächer Bachelor
Politik
Geschichte

Inhaltsverzeichnis

1. Einleitung

Am 28. Januar 1928 schien ganz Schleswig-Holstein auf den Beinen zu sein: Etwa 140.000 Menschen aus den Dörfern der Provinz machten sich zu Fuß, mit dem Fahrrad oder dem Pferdewagen zu den Demonstrationen auf die Markplätze der größeren Kreisstädte wie Flensburg, Husum, Itzehoe oder Neumünster auf.[1] „Der Bauer stund auf im Lande", drückte es Bernd Weisbrod aus.[2]

Doch warum haben sich die Bauern zum Protest erhoben? Wie setzte sich dieser fort? Wie organisierte er sich? Und welche Auswirkungen hatte er auf das politische und gesellschaftliche Leben in Schleswig-Holstein haben? Diesen Fragen werde ich zu Beginn meiner Arbeit beleuchten (Punkt 2). Denn die Protestbewegung hatte eine Dynamik ausgelöst, die von Verbänden und Parteien nicht aufgefangen werden konnte und daher auf viele andere Organisationen und Gruppen attraktiv wirken sollte.

Darunter befand sich eine ganze Reihe von Aktivisten, die aufgrund ihrer Herkunft eigentlich nichts mit der ländlichen Bewegung zu schaffen gehabt hätten. Was diese, aus dem rechtskonservativen Spektrum stammenden Männer, dazu bewogen hat, sich der Bewegung des Landvolks anzuschließen möchte ich anschließend – aus generationsspezifischer Perspektive – analysieren. (Punkt 3).

Die Konsistenz des Analysekonzepts der Generation, sowie seine Vor- und Nachteile wurden hinreichend diskutiert, so dass ich darauf nicht ausführlich eingehen werde.[3]

In einem abschließenden Teil werde ich dann der Frage nachgehen, warum die Nationalsozialisten ausgerechnet in Schleswig-Holstein ihre frühesten und nachhaltigsten Erfolge feiern konnten und ob die Landvolkbewegung dabei eine besonderen Rolle spielte (Punkt 4).

Im Folgenden sollen nun kurz die wichtigsten Forschungsbeiträge über die Landvolkbewegung präsentiert werden. Dazu sei vorab gesagt, dass das Angebot an Literatur in diesem Forschungsfeld sehr eingeschränkt ist. Neben zeitgenössischen Darstellungen aus sympathisierender Sicht, die ich außer acht gelassen habe, und Romanen, bei denen zu allererst Hans Falladas Bestseller „Bauern, Bonzen und Bomben" zu nennen ist, ist vor allem

---

[1] Vgl. Gerhard Stoltenberg (1962): Politische Strömungen im schleswig-holsteinischen Landvolk 1918-1933. Ein Beitrag zur politischen Meinungsbildung in der Weimarer Republik. Düsseldorf (Beiträge zur Geschichte des Parlamentarismus und der politischen Parteien, 24), S. 111.

[2] Bernd Weisbrod (1990): Die Krise der Mitte oder: "Der Bauer stund auf im Lande". In: Niethammer, Lutz (Hg.): Bürgerliche Gesellschaft in Deutschland. Historische Einblicke, Fragen, Perspektiven. Frankfurt am Main, S. 396.

[3] Vgl. dazu vor allem den Sammelband, hrsg. von Jürgen Reulecke: Generationalität und Lebensgeschichte im 20. Jahrhundert. München (Schriften des Historischen Kollegs: Kolloquien, 58).

die Habilitationsschrift Gerhard Stoltenbergs, „Politische Strömungen im schleswig-holsteinischen Landvolk 1918-1933", zu nennen. Der spätere schleswig-holsteinische Ministerpräsident liefert eine umfangreiche Gesamtdarstellung über die Situation im Verbreitungsgebiet der Landvolkbewegung, ihren Aufstieg und ihren Niedergang.

Was die rechtskonservativen Aktivisten der Landvolkbewegung, wie beispielsweise Ernst von Salomon angeht, so kann man deren Motivation ex- bzw. implizit in ihren autobiographischen Werken herausarbeiten.

Zum Nationalsozialismus in Schleswig-Holstein haben Uwe Danker und Astrid Schwabe lehrbuchartig ein übersichtliches Werk über die Gründe des Aufstiegs der NSDAP abgeliefert. Ihre Darstellung des Verhältnisses der Partei zur Landvolkbewegung sind jedoch eher kurz gehalten, so dass ein Blick in den Beitrag von Bernd Weisbrod lohnenswert ist. Er sucht die Erklärung für den Zusammenhang vom Aufstieg der nationalsozialistischen Bewegung und dem Abstieg der Landvolkbewegung im Versagen der Verbandsstrukturen und Parteien auf dem Lande.

2. Die Landvolkbewegung in Schleswig-Holstein

Der Ursprung der Landvolkbewegung in Schleswig-Holstein lag in erster Linie in der wirtschaftlichen Situation der Bauern nach dem Ersten Weltkrieg und in ihrer Unzufriedenheit mit ihren politischen Interessensvertretungen begründet. Denn diesen gelang es nicht, die Weimarer Regierung zu politischen Entscheidungen zu zwingen, die für die gesamte Bauernschaft von Vorteil gewesen wäre.

Gebeutelt war die gesamte Landwirtschaft jedoch bereits durch den Ersten Weltkrieg. So gingen sowohl die Getreideproduktion als auch der Viehbestand drastisch zurück. Zudem kämpften die Agrarier mit einem schleichenden Bedeutungsverlust der Landwirtschaft zu Gunsten der Industrie. Diesen wollten sie jedoch nicht wahrnehmen, weshalb sie weiter auf ihren gesellschaftlichen und politischen Führungsanspruch pochten.[4]

Auch die ersten Jahre nach Kriegsende gestalteten sich für die Landwirtschaft in Schleswig-Holstein, wie für die gesamte Wirtschaft der nördlichsten Provinz des Freistaats Preußen, nicht rosig. Ein Glücksfall war für sie daher die Inflation 1923, die die Bauern quasi über Nacht schuldenfrei machte. Doch auch nach der Währungsreform vertrauten die Landwirte

---

[4] Vgl. Hans-Ulrich Wehler (2003): Vom Beginn des Ersten Weltkriegs bis zur Gründung der beiden deutschen Staaten 1914-1949. München (Deutsche Gesellschaftsgeschichte, 4), S. 274.

auf Kredite. Deren Zinssätze waren jedoch ungewöhnlich hoch, wodurch sich ein großer Teil des Bauerntums immens verschuldete, auch weil die Inlandsnachfrage und die Preise für landwirtschaftliche Erzeugnisse zurückgingen.[5]

Besonders groß wurde das Ausmaß der Verschuldung während der Agrarkrise 1927, welche eine Krise neuen Typus darstellte. Denn sie hatte nichts mit schlechten Witterungsbedingungen zu tun, sondern war zum einen auf die unmodernen Produktionsbedingungen der deutschen Landwirtschaft zurückzuführen und zum anderen durch den Preisverfall auf dem Weltmarkt bedingt. So fiel beispielsweise der Weizenpreis aufgrund ausländischer Überproduktion bis 1928 um 40 Prozent.[6] In Deutschland konnte dieser Preis allerdings aufgrund von Schutzzöllen relativ hoch gehalten werden. Das diente in erster Linie den politisch dominanten Großagrariern Ostelbiens, die ausschließlich mit dem Anbau von Weizen ihr Geld machten. Weniger von Vorteil war es für die in ihrer Anzahl häufiger vorzufindenden kleinen und mittleren Betrieben. Sie hatten sich auf Ackerbau, Vieh- und Veredelungswirtschaft spezialisiert und sahen sich durch die Agrarkrise in ihrer Existenz bedroht. Ebenfalls einseitig zu Gunsten der Großagrarier waren die umfassenden Subventionszahlungen der Regierung, die den ökonomischen Interessen der, ganz von der Landwirtschaft lebenden, Vollbauern daher widersprachen.[7]

Beide Maßnahmen sollten dem Ziel der großagrarischen Lobby dienen, den deutschen Agrarmarkt aus dem Weltmarkt herauszulösen. Die große Alternative wäre für sie die Umstellung von Weizenanbau auf die Erzeugung von Fleisch und Milch gewesen. Produkte also, die in den Städten nachgefragt wurden. Die Vollbauern waren diesen Schritt bereits gegangen. Für die Großagrarier war jedoch der „Griff nach Klinke der Gesetzgebung verlockender als der strukturelle Umbau mit ungewissen Folgen".[8] Die Kleinbauern wiederum besaßen keine politische Stimme, da die bäuerlichen Interessensvertretungen sich nicht für sie interessierten oder daran scheiterten, ihre Anliegen zu artikulieren.[9]

In Schleswig-Holstein war die Krise in besonderer Weise zu spüren. Die Produkte hier waren, aufgrund handelpolitischer Vereinbarungen, besonders stark dem Weltmarktgeschehen ausgesetzt. Zudem hing der Absatz der Fleisch- und Milchprodukte von der Massenkaufkraft der Bevölkerung ab, was die kleinen und mittleren Betriebe später in der Weltwirtschaftskrise stark belastete. Nach dem ersten Sturz der Schweinepreise, dem weitere für Milch, Getreide,

---

[5] Vgl. Uwe Danker / Astrid Schwabe (2005): Schleswig-Holstein und der Nationalsozialismus. Neumünster, S. 12.
[6] Vgl. Wehler, S. 281.
[7] Vgl. Weisbrod, S. 399.
[8] Wehler, S. 333.
[9] Vgl. Ebenda.

und weitere Fleischprodukte folgen sollten, überschuldete sich eine Reihe von Landwirten. Da sie offene Rechnungen und Steuern nicht mehr begleichen konnten, erfolgten bei ihnen staatlich organisierte Pfändungen und Zwangsversteigerungen.[10] Die Schuld dafür wurde der Berliner Agrarpolitik zugeschoben. Diese konnte aufgrund der interessenspolitischen Fragmentierung der Bauern allerdings zu keiner Entscheidung gezwungen werden. „In dieser fatalen Funktionsschwäche der herkömmlichen ‚Pressure Groups'", sieht Hans-Ulrich-Wehler, „das strukturell ausschlaggebende Moment der bäuerlichen Militanz".[11]

Diese nahm ihren Ausgang in Schleswig-Holstein von der Geest, wo vor allen Dingen der althergebrachte Bauerntyp, Kleinfamilie mit Vieh, vorzufinden war.[12] Das landwirtschaftliche Verbandswesen war zur selben Zeit, aufgrund von Spannungen zwischen den einzelnen Interessensvertretungen, in erster Line mit sich selbst beschäftigt. Die Reibereien zwischen den Verbänden waren auf die Fusion des „Schleswig-Holsteinischen Bauernvereins", der klein- und mittelbäuerliche Interessen vertrat, mit der Vereinigung deutscher Bauernvereine zurückzuführen. Der rivalisierende Landbund, in dem die Großagrarier ihre Anliegen äußerten und vertreten ließen, hatte sich schon vorher dem Reichslandbund angeschlossen. Auf eine einheitliche Position des Bauerntums konnten sich die Verbände aufgrund ihrer Konkurrenzlage daher nicht verständigen.[13]

Als um die Jahreswende 1927/28 weiterhin keine Einigung zwischen den Verbänden erzielt wurde und Hilfsmaßnahmen der Regierung ausblieben, kam es am 28. Januar 1928 zu Protestkundgebungen in nahezu allen Kreisstädten des Landes Schleswig-Holstein, die als Geburtsstunde der Landvolkbewegung angesehen werden können. Aufgerufen dazu hatte der Büsumer Hofbesitzer Otto Johannsen. Ohne jeglichen organisatorischen Apparat hallte die Botschaft eines einzelnen, weitgehend unbekannten, Bauers via familiärer und nachbarschaftlicher Netzwerke über das platte Land und mobilisierte schließlich etwa 140.000 Menschen. Johannsen selber sprach auf einer Demonstration in dem Ort Heide. Seine Ausführungen zeigten bereits, welchen Einfluss die Rechtsopposition auf die Bauernschaft gewonnen hatte. So waren die Angriffe des Büsumer Landwirts auf die Berliner Regierungspolitik gespickt mit Argumenten der völkischen Bewegung. Beispielsweise plädierte er in seiner Rede für die Nahrungsmittelfreiheit vom Ausland, den Widerruf der deutschen Alleinschuld am Kriegsausbruch und die Revision des Versailler Vertrages.[14]

---

[10] Vgl. Danker, Schwabe, S. 12.
[11] Vgl. Wehler, S. 336.
[12] Vgl. Weisbrod, S. 400.
[13] Vgl. Wehler, S. 336.
[14] Vgl. Stoltenberg, S. 110f.

Daneben wurden Forderungen nach einer völligen Umgestaltung des politischen und staatlichen Lebens laut, die sich mit dem Vorwurf der Korruption des Weimarer „Systems" verbanden, das zehn Jahre Krieg gegen das eigene Volk geführt habe.[15] Damit weitete sich die Kritik des Landvolkes auf die ganze bestehende Staats- und Organisationsform aus. In ihren Augen war der Staat auch deshalb nicht Willens – und an dieser Stelle spielt wieder die völkische Ideologie von antisemitischen Gruppen wie dem Stahlhelm eine Rolle – weil die herrschenden Gruppen „manngifach mit den ‚dunklen Mächten' der internationalen Finanz und anderen überstaatlichen Kräften verbunden" seien, „die das Landvolk in seiner Substanz zu vernichten drohen".[16] Hier wird deutlich, dass die Bauern sich zum einen als gefährdete Minderheit ansahen, die zum anderen von den dominierenden ökonomischen Interessen der Industriegesellschaft unterdrückt wurden.[17]

Insgesamt war an diesem 28. Januar eine Bewegung eingeleitet worden, die die Zerschlagung des bisherigen Gefüges der berufsständigen Organisationen und damit der Führungsgruppen des Bauerntums bewirkten. Die DNVP und verschiedene völkische Gruppen hatten schnell die Hoffnung, die Bewegung für ihre Zwecke instrumentalisieren zu können. Aufgrund der Regierungsbeteiligung der rechtskonservativen Partei waren ihre Anhänger, darunter auch viele Bauern, allerdings so enttäuscht von ihr, dass die DNVP zwischen 1924 und 1928 ein Drittel ihrer Stimmen verlor. In dieser Zeit schaffte es jedoch auch keine andere der neu gegründeten Parteien auf dem „platten Land" die Stimmen der Bauern für sich zu gewinnen.[18]

Und so organisierte sich die Landvolkbewegung in erster Linie über persönlichen Kontakt. Nichtsdestotrotz kristallierten sich zwei Führungspersönlichkeiten heraus: Claus Heim und Wilhelm Hamkens. Beide waren Soldaten im Ersten Weltkrieg. Heim verließ Deutschland nach Ende des Krieges und siedelte nach Paraguay über, wo er Land besaß. 1923 kehrte er wieder zurück und verlor vier Jahre später, aufgrund von Schulden, ein Drittel seines Landes in Deutschland, was ihn dazu veranlasste, sich der bäuerlichen Protestbewegung anzuschließen.[19] Hamkens wiederum trat nach dem verlorenen Krieg dem Stahlhelm bei, mit dem Ziel eine völkische Bewegung ins Leben zu rufen, die nicht nur berufsständische Gruppen vertrete, sondern alle Bewohner des „platten Landes" zusammenbringe. Parteipolitik wurde in diesem Zusammenhang als großes Übel empfunden, das bekämpft werden müsse. Es gab daher keine offiziellen Mitglieder und auch keine gewählten Vorstände. Der

[15] Vgl. Armin Mohler / Karlheinz Weissmann (2005): Die Konservative Revolution in Deutschland 1918-1932. Ein Handbuch. Graz, S. 174.
[16] Stoltenberg, S. 121.
[17] Vgl. Ebenda, S. 122.
[18] Vgl. Mohler, S. 174.
[19] Vgl. Danker/Schwabe, S. 14.

Führungsanspruch von Hamkens und Heim leitete sich daher allein von ihrem Charisma und ihrer politischen Integrität ab.[20]

Zum meinungsbildenden Kristallisationspunkt der Landvolkbewegung wurde dann ab Jahresanfang 1929 der Redaktionssitz der Zeitung „Landvolk" in Itzehoe. Schriftleiter wurde der nationalrevolutionäre Extremist Bruno von Salomon. Dieser wurde von Claus Heim persönlich installiert, da sich aus den Reihen der Bauern kein geeigneter Redakteur finden ließ.[21] Daneben waren unter anderem Bruno von Salomons Bruder Ernst, der am Rathenau-Mord beteiligt gewesen war und gerade aus dem Gefängnis entlassen wurde, und Herbert Volck an der Produktion der Zeitung beteiligt, die zum maßgeblichen Ideen- und Impulsgeber der Bewegung werden sollte. Denn die mit glühendem Hass gegen die bügerliche-liberale Staats- und Gesellschaftsordnung gespickte Publikation konnte innerhalb weniger Monate etwa 10.000 Bezieher vorweisen.[22]

Ebenso schnell wie die Zahl der „Landvolk"-Bezieher hatte sich auch die Bewegung selbst nach dem 28. Januar 1928 vergrößert. Maßgeblich dafür verantwortlich waren die beiden Wortführer Heim und Hamkens, unter denen sich der Protest schnell bis zum passiven Widerstand gegen die Staatsgewalt steigerte. So erklärte Heim in einem „Eingesandt" in der Heider Zeitung im Oktober 1928, dass er keine Steuern mehr bezahlen werde und rief gleichzeitig alle anderen Bauern dazu auf, es ihm gleich zu tun. Das darauffolgende Echo war stark. Immer öfter kam es in der Folge zu Protesten gegen Zwangsversteigerungen und Pfändungen. Große Beachtung in Schleswig-Holstein, aber auch in der überregionalen Presse, fand beispielsweise die Verhinderung einer Pfändung von zwei Ochsen im Dorf Beidenfleth durch 200 Landleute. Die Besitzer der Ochsen waren bei der Zahlung von Gemeindesteuern in Rückstand geraten.[23] Besonders eindrücklich hat Hans Fallada diese Szenerie in seinem 1931 erschienenen Roman „Bauern, Bonzen und Bomben" beschrieben. So lässt er die beiden Finanzbeamten auf dem Weg ins Dorf folgende Unterhaltung führen:

> „[…] Wenn ein Bauer zu euch kommt und wenn zehn Bauern zu euch kommen, so sind es Bauern in der Stadt. Und wenn sie wirklich einmal frech werden, wir ihr es nennt, so seid ihr viele […]. Hier aber, wo wir jetzt gehen, da hat der Bauer gesessen vor hundert Jahren und vor tausend Jahren. Hier sind wir die Fremden. Und ich gehe mit meiner Aktentasche und mit meinen blauen Piepmatzmarken ganz allein zwischen ihnen herum. Und ich bin der Staat, und wenn es gut geht, nehme ich ihnen eine Ecke von ihrem Stolz und die Kuh aus dem Stall, und geht es schlimm an, dann mache ich sie heimatlos, wo sie seit tausend Jahren saßen". […]. „Können sie es denn wirklich nicht zahlen?". „Manchmal können sie nicht und manchmal wollen sie nicht. Und in letzter Zeit wollen sie überhaupt nicht. – Sehen Sie, Thiel, es sind immer reiche Bauern gewesen, sie haben immer aus dem Vollen gelebt, und nun will es ihnen nicht eingehen, dass sie Fastenbrot essen müssen".[24]

---

[20] Vgl. Stoltenberg, S. 122f.
[21] Vgl. Ernst von Salomon (1951): Der Fragebogen. Hamburg, S. 221 und Wehler S. 337.
[22] Vgl. Stoltenberg, S. 132f.
[23] Vgl. Ebenda, S. 124.
[24] Vgl. Hans Fallada (1991): Bauern, Bonzen und Bomben. Reinbek bei Hamburg, S. 16f.

An dieser Stelle werden meiner Meinung nach auch die Motive der Bauern für ihren Protest gegen den ungeliebten Staat sehr anschaulich dargestellt.

Ebenfalls für Aufsehen sorgte die Einrichtung der bäuerlichen „Nothilfe". In Tradition der Selbstschutzverbände aus der direkten Nachkriegszeit setzte die Landvolkbewegung im Frühjahr 1929 so die amtlichen Gemeindevorsteher ab und ersetze sie durch ihr eigenes Personal, um auf diese Weise eine bäuerliche Regierung zu etablieren. Erst nachdem der Oberpräsident Schleswigs den beteiligten Bauern eine Anklage wegen Hochverrats androhte, ließen sie von ihrem Konzept der „Nothilfe" ab, so dass die legalen Gemeindevorsteher wieder ihrem Amt nachgehen konnten.[25]

Den Höhepunkt des Erfolgs der Landvolkbewegung stellte jedoch die Großdemonstration in Neumünster am 01. August 1928 dar. Hier zogen 3.000 Bauern, erstmals unter der schwarzen Fahne der Bewegung, auf der ein silberner Pflug und eine rote Sense zu sehen waren, durch die Stadt, um Wilhelm Hamkens nach einer Gefängnisstrafe wegen Steuerboykotts zu begrüßen. Dieser war allerdings einen Tag zuvor nach Flensburg gebracht und dort entlassen worden. Dennoch sollte sich dieser Tag als sehr bedeutend für die Landvolkbewegung herausstellen. Das lag vor allen Dingen an der örtlichen Polizei, die mit allen Mitteln versuchte, die Fahne der Bauern zu beschlagnahmen. Der Versuch endete jedoch in einem gewalttätigen Handgemenge, bei dem sowohl Polizisten als auch Demonstranten verletzt wurden. Zudem umstellten die Polizisten die Auktionshalle der Stadt, die das Ziel des Demonstrationszuges darstellte. Wenig später beschloss die bäuerliche Bewegung wegen des harten Vorgehens der Polizei, gegen die Stadt Neumünster einen Kauf- und Lieferboykott zu verhängen. Nur aufgrund der „ehrenvollen" Herausgabe der beschlagnahmten Fahne durch die Stadt Neumünster an das Landvolk konnte der Boykott fast ein Jahr später aufgehoben werden. In dieser Zeit erfuhr die Landvolkbewegung einen erneuten Aufschwung ihrer Popularität.[26]

Bereits zuvor war die Landvolkbewegung, vor allem durch Drängen Claus Heims, von reinen Protesten immer mehr zu Formen der „action directe" übergegangen. Heime versuchte zudem die Bildung von kleinen, entschlossen Kadern für Anschläge voranzutreiben, ganz nach dem Vorbild der Freikorps. Dabei stand ihm unter anderem Herbert Volck zur Seite, der gute Verbindungen zum Stahlhelm wie auch zum Alldeutschen Verband pflegte und im November 1928 zur Bewegung dazu stieß.[27] Bereits im November hatten Vertraute Heims in einer

[25] Vgl. Wehler, S. 337.
[26] Vgl. Stoltenberg, S. 139.
[27] Vgl. Ebenda, S. 125.

spontanen Aktion kleinere Knallkörper vor dem Haus des Beidenflether Gemeindevorstehers hoch gehen lassen, was Heim allerdings als unbefriedigend ansah. Er plädierte stattdessen für eine Kette von gründlich geplanten Bombenanschlägen. Diese wurden dann, in Zusammenarbeit mit der Organisation Consul, im Laufe des Jahres 1929 vorbereitet und durchgeführt. Bei den Anschlägen, unter denen beispielsweise am 23. Mai das Landratsamt Itzehoe und am 3.Juni das Finanzamt Oldenburg waren, wurden allerdings keine Personen verletzt. Es entstanden dennoch immense Sachschäden, weshalb die Aktionen dennoch große Aufmerksamkeit erzeugten. Im September gelang dann der Polizei jedoch ein entscheidender Schlag gegen die Bombenleger, als sie einen von ihnen beim Transport einer Bombe verhaftet konnten. Daraufhin folgten weitere Verhaftungen und Durchsungen in den Berliner Büros der Organisation Consul und in der Itzehoer Redaktion des „Landvolks". Im Zuge dessen gerieten auch Claus Heim und Wilhelm Hamkens, der sich stets für passiven Widerstand ausgesprochen hatte, ins Visier der Fahnder. Das hatte für die Landvolkbewegung niederschmetternde Auswirkungen, da die Anschläge keine Zustimmung unter der Bauernschaft gefunden hatten.

Für Bernd Weisbrod war es „ein Zeichen politischer Frustration, dass Claus Heim [...] Hamkens zu immer spektakuläreren Aktionen drängte". Weisbrod resümiert daher:

> „die Landvolkbewegung als spontane Sammlungsbewegung war innerhalb eines Jahres an ihre politischen Grenzen gestoßen".

Und greift auf die anschließende Entwicklung vor, auf die ich in Punkt 4 näher eingehen möchte:

> „Sie hatte aber den Weg gebahnt für die radikale Sammlungsbewegung des Nationalsozialismus, der nun in die Positionen einrückte, die durch die Diskreditierung der traditionellen bürgerlichen Parteien und etablierten Interessensverbänden frei geworden waren".[28]

3. Die Landvolkbewegung als Mittel zum Zweck

Bereits anhand der Forderungen, die auf den Demonstrationen am 28. Januar 1928 laut geworden waren, zeigte sich, dass sich wirtschaftlich-existenzialistische Gründe der Bauernschaft für ihr Lautwerden mit politisch-oppositionellen Motiven vermischten. Dies weckte nicht nur bei den rechten Parteien im Parlament, allen voran die DNVP, Hoffnungen, die Landvolkbewegung für ihre Zwecke instrumentalisieren zu können, sondern vor allem bei radikalen politischen Gruppierungen. Die Führer der Landvolkbewegung wiederum

---

[28] Weisbrod, S. 404f.

erkannten, dass sie ohne Verbindungen zu solchen Gruppen ihre politischen Ziele nicht würden realisieren können.[29] Ein besonderes Verhältnis hatte die Bewegung zur Organisation Consul, welche Claus Heim verstärkt bei den Bombenattentaten zur Seite stand. Aber auch zu anderen rechtsextremen Organisationen bestanden Kontakte[30] Diese Beziehung kam zum einen zu Stande, weil die gegen ihren Willen aufgelösten Freikorps sich in Selbstschutzverbänden und Einwohnerwehren reorganisierten, welche erheblichen Einfluss in Schleswig-Holstein gewinnen konnten. Bei der Bauernschaft waren sie deshalb so beliebt, weil sie Recht und Ordnung auf dem „platten Land" garantierten. Zum anderen kamen die Verhältnisse zwischen Landvolkbewegung und den rechtsextremen Gruppe über persönliche Kontakte zu Stande.[31] Diese unterhielt vor allem Claus Heim, der Mitglied des Stahlhelms war. Über diese Stahlhelm-Verbindung verschlug es unter anderem Herbert Volck, der im Ersten Weltkrieg an der Seite von Bauern-Regimenten gekämpft hatte, in den Norden. Er wird 1932 in seinem Roman „Rebellen um Ehre", in dem er seine Zeit in der Landvolkbewegung verarbeitete, schreiben, dass er von „vaterländischen Freunden" im Oktober 1928 zur „nationalpolitischen Arbeit gerufen" worden sei.[32] Wenige Zeit später unterstützte er auch den Kreis junger völkischer Intellektueller, die dem nationalrevolutionären Lager zuzurechnen waren, und die sich mittels der „Landvolk"-Zeitung zu den Agitatoren der Bewegung aufschwangen. Die Unzufriedenheit der Bauern über die wirtschaftlichen Verhältnisse versuchten sie, in dem sie das Landvolk umfassend mobilisierten, als Vehikel für ihre eigenen politischen Ziele zu nutzen, welche auf den Umsturz der bestehenden politischen Ordnung hinausliefen.[33] So schrieb Ernst von Salomon in der „Landvolk"-Zeitung:

> Gerade weil er (d.h. der Bauer) konservativ ist, muß er revolutionär sein. In allen Versammlungen des kämpfenden Landvolks taucht immer wieder der Satz auf, der Bauer sei staatsbejahend, mehr noch staatserhaltend, aber weil er es sei, müsse er sich gegen die Bestrebungen des gegenwärtigem, einer Staatsfiktion unterliegenden, Systems wehren.[34]

Daher müsse ein „Staat im Staat" zum Schutz der Bauern und seines Hab und Gutes errichtet werden.[35] Dass es dem Großteil des Landvolks allerdings in erster Linie um die alleinige Verbesserung seiner wirtschaftlichen Verhältnisse ging, war den Nationalrevolutionären zu kurz gegriffen. Herbert Volck sah aufgrund dessen die Forderung der Bauern nach mehr Geld als Fehler an, da sie es ja doch nur in Form von Reparationszahlungen an den Feind abgeben

---

[29] Vgl. Stoltenberg, S. 125.
[30] Vgl. Ebenda, S. 135.
[31] Vgl. Ebenda, S. 49f.
[32] Herbert Volck (1932): Rebellen um Ehre. Berlin, S. 239.
[33] Vgl. Mohler, S. 174.
[34] Zit. Nach Weisbrod, S. 402.
[35] Vgl. Ebenda, S. 403.

müssten.[36] Hoffnung hegte er daher in Claus Heim, dem es Volcks Auffassung nach, nicht allein um die Preise ginge.[37] Ebenso sei den Aktivisten, die ab November 1929 verstärkt nach Schleswig-Holstein reisten, die „Rentabilität der Scholle" nur ein Kampfmittel, das sie vorantreiben, nicht das Ziel. Laut Volck gebe es keine Rentabilität der Landwirtschaft, wenn der Kampf nur wirtschaftlich geführt werde und nicht auch gegen Systemzersetzung und Wirtschaftskapital. Eine Preispolitik ohne nationalen Widerstand sei daher nutzlos.[38] Denn Berlin versuche, genau auf die wirtschaftlichen Interessen der Bauern einzugehen, um damit also den Geiz der Bauern zu beruhigen, was Volck zu folgender Aussage brachte:

> „[...] wird Hamkens, der vom kämpfenden Landvolk herausgestellte Agitator, dies verstehen? Wird er seine Parole Rentabilität der Landwirtschaft erweitern? Wird er sie zu nationaler politischer Rentabilität des ganzen Volkes vertiefen? Oder bleibt der Kampf des Berufstätigen stecken?"[39]

Um die Bauernschaft daher auf radikalen Kurs gegen den Weimarer Staat zu bringen, knüpfte die „Landvolk"-Zeitung zum einen an die traditionellen nationalen antisemitischen Vorbehalte der Bauern und zum anderen an ihr Unterlegenheitsgefühl in der modernen Industriegesellschaft an:

> „Der Arbeiter in den Städten darf höhere Löhne, niedrigere Preise erstreiten. Der Bauer darf den Schutz der Weimarer Verfassung nicht in Anspruch nehmen. Das System ist ein System der Städte, der Stadtmassen".[40]

Doch damit konnte das Landvolk zu nicht mehr als zu symbolischen Aktionen des Ungehorsams gegen die Regierung gebracht werden.[41]

Manche Angriffe der Zeitung gingen der Bauernschaft gar ganz zu weit, wodurch es zu Auseinandersetzungen zwischen Wilhelm Hamkens und Bruno von Salomon kam. Hamkens erkannte zudem, dass die Nationalrevolutionäre um die Brüder Salomon das Landvolk in erster Linie als Mittel zum Zweck für den Aufbau einer revolutionären Umsturzbewegung gegen den bürgerlich-liberalen Staat ansahen.[42] Allerdings wollte er die begabten Meinungsmacher auch nicht verlieren.

Als Hamkens dann im Gefängnis saß, radikalisierte sich die Führung der Bewegung, in Form der erwähnten Bombenanschläge, die von Claus Heim und rechten Kampfbünden vorbereitet worden waren und laut Herbert Volck „Ausdruck des gequälten Volkes erwartete Taten waren".[43] Die Bauern distanzierten sich jedoch von dieser Art des Protests.

---

[36] Vgl. Volck, S. 234.
[37] Vgl. Ebenda, S. 235.
[38] Vgl. Ebenda, S. 253.
[39] Volck, S. 257.
[40] Ebenda.
[41] Vgl. Weisbrod, S. 404.
[42] Vgl. Stoltenberg, S. 136.
[43] Volck, S. 257.

12

Dass die Gruppe um die Brüder von Salomon versuchte, die Landvolkbewegung für ihre Zwecke zu instrumentalisieren, habe ich bereits angedeutet. Nun möchte ich allerdings noch genauer auf die Antriebkräfte eingehen, welche sie zu ihrem Handeln veranlasst haben. In diesem Zusammenhang halte ich es für sinnvoll, sich dieser Frage aus generationsspezifischer Perspektive zu nähern.

3.1 Antriebskräfte der Aktvisten

In der Weimarer Republik lassen sich zwei Generationen ausmachen, welche beide an der Landvolkbewegung beteiligt waren. Dabei handelte es sich zum einen um die Frontkämpfergeneration, die ihre politische und soziale Prägung vor dem Ersten Weltkrieg erhalten hatte und zum anderen um die Kriegsjugendgeneration, die selbige Erfahrungen während und nach der „Urkatastrophe des 20. Jahrhunderts" machte.[44] Der Erste Weltkrieg markierte in beiden Fällen den sogenannten „Ereignis Impact", also das Schlüsselerlebnis, welches dazu führt, dass eine Generation eine kollektive Identität entwickelt.[45] Bezogen auf die beiden erwähnten Generationen sollte man nach Karl Mannheim von zwei Generationszuammenhängen sprechen, da ihre Mitglieder an denselben historisch-sozialen Problemen orientiert sind.[46] Im engeren Kontext der Landvolkbewegung und ihrer Aktivisten halte ich es für angebracht, ebenfalls an Karl Mannheim angelehnt, von Generationseinheiten zu sprechen. Denn nicht alle Mitglieder der angesprochenen Generationen ziehen die gleichen Schlüsse aus ihren generationellen Erfahrungen, wie ich später noch darstellen werde.

Für die Frontgeneration waren die Ereignisse, die sie im Krieg erlebt hatten, so einschneidend und desillusionierend, dass es für sie kein Zurück mehr in ihr altes Leben gab. Auch weil anschließend die bestehende Ordnung des Kaiserreichs in sich zusammenbrach. Die nachfolgende Generation hatte zwar den Bruch mit der alten Welt nicht mehr auf dem Schlachtfeld miterlebt, doch auch sie sah sich nach Ende des Krieges einer gänzlich neuen

---

[44] Vgl. Hans Mommsen (2003): Generationskonflikt und politische Entwicklung in der Weimarer Republik. In: Jürgen Reulecke (Hg.): Generationalität und Lebensgeschichte im 20. Jahrhundert. München (Schriften des Historischen Kollegs: Kolloquien, 58), S. 116.
[45] Vgl. Bernd A. Rusinek (2003): Krieg als Sehnsucht. Militärischer Stil und "junge Generation" in der Weimarer Republik. In: Reulecke, Jürgen (Hg.): Generationalität und Lebensgeschichte im 20. Jahrhundert. München (Schriften des Historischen Kollegs: Kolloquien, 58), S.
[46] Vgl. Ulrich Herbert (2003): Drei politische Generationen im 20. Jahrhundert. In: Reulecke, Jürgen (Hg.): Generationalität und Lebensgeschichte im 20. Jahrhundert. München (Schriften des Historischen Kollegs: Kolloquien, 58), S. 95.

Realität ausgesetzt.[47] Diese war zunächst durch Bürgerkrieg, Inflation und andere Nachbeben des Krieges geprägt. Neben der Verarmung war vor allen Dingen der Verlust der privilegierten Berufsaussichten eine einschneidende Erfahrung.[48] Diese von der katastrophalen wirtschaftlichen Lage nach dem Weltkrieg herrührenden schlechteren Zugangschancen zum Arbeitsmarkt lastete die Jugend einzig und allein der Unfähigkeit der Weimarer Republik an, die ihnen als unzugängliches und feindliches System entgegentrat.[49] Darüber hinaus sahen sie sich mit einer gewissen Ohnmacht konfrontiert, die daraus resultierte, dass ihnen, in ihrer eigenen Wahrnehmung, die Chance genommen wurde, am großen Krieg teilzunehmen, auf den sie in ihrer Kindheit mit „heiteren Kriegsspielen" vorbereitet wurden:

> „[...] wir Kieler Kinder, wenn wir [...] spielten, dann buddelten wir nicht im Sand und bauten Burgen, nein wir waren in einer Strandkompanie zusammengeschlossen, wir rückten morgens aus, schmuck und einheitlich gekleidet in sogenannte Kieler Anzüge [...]",

schreibt Ernst von Salomon, Jahrgang 1902, in seinem autobiographischen Werk „Der Fragebogen".[50]

Auch Sebastian Haffner, Jahrhang 1907, hat den Krieg eher als

> „ein großes aufregend-begeisterndes Spiel der Nationen, das tiefere Unterhaltung und lustvollere Emotionen beschert als irgendetwas, was der Frieden zu bieten hat" wahrgenommen.[51]

Und so kam er

> „auch nicht im entferntesten auf den Gedanken, dass etwas Schlimmes oder Gefährliches an einer Sache sein könnte, die so offensichtlich glücklich machte und so unalltäglich-festliche Rauschzustände verschenkte".[52]

Die Angehörigen der Kriegsjugendgeneration, die in ihrer Kindheit ein so positives Verhältnis zum Krieg aufbauten, fühlten sich nach Kriegsende vor allem „um das Stahlbad der Fronterfahrung" betrogen.[53] Dieses Minderwertigkeitsgefühl kompensierten sie mit einer Sehnsucht nach dem Krieg oder zumindest nach dem Kampf, beispielsweise in den Freikorps beziehungsweise später in der Landvolkbewegung. Den Vorsprung, den die Älteren durch ihre Fronterfahrung hatten, versuchten die Jüngeren daher durch die Übernahme des Frontkämpferideals und des nachgeholten Kampfes im Inneren und an den Grenzen wett zu

---

[47] Vgl. Michael Wildt (2002): Generation des Unbedingten. Das Führungskorps des Reichssicherheitshauptamtes. Hamburg, S. 44.
[48] Vgl. Herbert, S. 98.
[49] Vgl. Wehler, S. 236.
[50] Salomon, S. 27.
[51] Sebastian Haffner (2001): Geschichte eines Deutschen. Die Erinnerungen 1914-1933. Stuttgart, München, S.22.
[52] Ebenda, S. 19.
[53] Vgl. Wildt, S. 42.

machen.[54] Obwohl oder weil die junge Generation das Schlachtfeld aus eigener Erfahrung nicht kannte, konnte sie den Krieg als heroisches Erlebnis stilisieren.[55] Daraus entwickelte sich letztlich eine Dynamik, die auf eine völlig politische und gesellschaftliche Umgestaltung des Staates abzielte. In einem Gefühl des nationalen Aufbruchs sollte die Nation auf diese Weise, in Anlehnung an den französischen Nationalismus nach Maurice Barrés, erneuert werden.[56] Dabei verachtete die junge Generation liberale Traditionen, wie das Parteiensystem und forderte stattdessen neue politische Organisationsformen.[57] Außerdem konnte man bei ihnen einen starken Antikommunismus feststellen, der wie Ernst Salomon beschreibt, schon in der Jugend in Form von Ablehnung der Sozialdemokratie verwurzelt war:

> „[...] es gab damals zwar schon böse und neidische Menschen, die alles teilen wollten, Sozialdemokraten genannt, bereit, den fließigen Leuten ihr sauer verdientes Geld einfach wegzunehmen, und jederzeit entschlossen, Bomben zu werfen und Fürsten zu ermorden, es war unbegreiflich, dass die Polizei ihnen erlaubte, sich am 1. Mai mit blutigroten Fahnen unter Absingen blutrünstiger Lieder durch die anständigen Straßen der Stadt zu bewegen, - aber wir hatten ja unseren Kaiser, der auf der Wacht stand [...]".[58]

Durch den Zusammenbruch des Kaiserreiches und die russische Revolution steigerte sich diese allerdings noch weiter.

Die Frontkämpfergeneration war zwar auch antikommunistisch eingestellt, ihre Motive, sich in der Nachkriegszeit militärisch zu engagieren, waren jedoch überwiegend anders gelagert. Dies macht die Historikerin Gabriele Krüger klar:

> „Für die älteren war die Freikorpszeit vorwiegend ein Kampf für ‚Ruhe und Ordnung' gewesen, und so vermochten sie sich der militärischen Ordnung [in der Reichswehr der Weimarer Republik] auch wieder einzufügen. Die Jüngeren erinnerten sich an die Kämpfe gegen die Kommunisten und den Marsch auf Berlin als politische Aktionen, die ihr Ziel noch nicht erreicht hatten und deshalb weiter betrieben werden mussten".[59]

Der Kriegsjugend ging es also um Kämpfen um jeden Preis, damit sie ihre Ziele erreichten, den Frontkämpfern eher um Rückkehr zur Normalität und Stabilität, aber auch einfach darum, finanziell wieder Sicherheit zu erlangen. Allerdings sollte man gerade in Hinblick auf die Frontkämpfergeneration auf die unterschiedlichen Generationseinheiten aufmerksam machen. So gab es gerade zwischen Offizieren und einfachen Soldaten immer wieder Reibereien

---

[54] Vgl. Herbert, S. 98.
[55] Vgl. Wildt, S. 45.
[56] Vgl. Mohler, S. 144.
[57] Vgl. Mommsen, S. 118.
[58] Salomon, S. 25.
[59] Gabriele Krüger (1971): Die Brigade Ehrhardt. Hamburg (Hamburger Beiträge zur Zeitgeschichte, 7), S. 71.

während des Ersten Weltkrieges, weshalb man davon ausgehen sollte, dass beide Gruppen zu einer jeweils anderen Verarbeitung mit dem dort Erlebten gelangten.[60]

Schaut man sich nun unter Berücksichtigung dieser Ergebnisse die einzelnen führenden Aktivisten der Landvolkbewegung, deren Biographie und Ansichten an, dann kann man feststellen, welch starken Einfluss die generationelle Prägung auf ihr Verhalten hatte.

Claus Heim (Jahrgang 1884), Wilhelm Hamkens (1896) und Herbert Volck (1894) sind dabei der Frontkämpfer-Generation zuzurechnen, während die Brüder Salomon (Bruno 1900, Ernst 1902) der Kriegsjugendgeneration angehörten.

Heim, der als Offizier im Ersten Weltkrieg diente, gehörte dem radikalen Teil der Landvolkbewegung an. Ihm ging es ähnlich wie den Brüdern Salomon und Herbert Volck um mehr als nur materialistische Ziele. In einem Brief, den er während seiner ersten Haft an einen befreundeten Landwirt schreibt, werden beispielsweise seine völkisch-rassistischen Motivationen deutlich:

> Es kommt aber darauf an, nicht nur von rein wirtschaftl[ichem] Standpunkt aus die Not zu bekämpfen, sondern den Bauer u[nd] Landvolkmann auf die seelische Not des ganzen Volkes hinzuweisen. Ihr ist das Hauptaugenmerk zuzuwenden. Die wirtschaftl[iche] Not muß so zu sagen Mittel zum Zweck sein. Der Kampf um die wirtschaftl[iche] Existenz ist uns aufgezwungen, wir müssen über kurz od[er] lang Hof und Scholle verlassen, wenn wir uns nicht wehren. Das weckt das Interesse der schon stark in materialistischer Lebensauffassung verstrickten Bauern. Einen dauernden Erfolg in diesem Kampf können wir aber erst erzielen, wenn wir innerlich gesunden. Die ethischen Werte, die der Zusammenhang von Blut und Boden erzeugen muß werden nirgends mehr klar erkannt. Opferfreudigkeit, Selbstlosigkeit, Kampfgeist sind niedrigen egoistischen Werten um mittelter Art gewichen. Auch die unzertrennliche Verbundenheit von Religion und Rasse muß unserm nordischen Bauernvolk als dem echtesten Vertreter arischer Rasse wieder zum Bewußtsein gebracht werden. Die Unkenntnis dieser Tatsache ist letzten Endes der Grund unseres Zus[ammen]bruchs.[61]

Heim ist es, der später für die Radikalisierung der Bewegung verantwortlich ist und die Bombenattentate forciert. Diesen steht der ehemalige Fliegerleutnant Herbert Volck ebenfalls sehr positiv gegenüber. Er ist zudem der Überzeugung, dass in den Beteiligten der Landvolkbewegung sofort das Fronterlebnis wieder lebendig geworden sei: „Augen bekommen wieder den Glanz marschierender Soldaten". [62] Zudem ist für ihn die Tat, also der aktive Kampf, die allumfassende Erfolgsformel.[63] Als Versuch, das Fronterlebnis wieder lebendig zu machen, hatte Ernst von Salomon bereits die Motivation für die Gründung des

---

[60] Vgl. Richard Bessel (1995): The 'Front Generation' and the Politics of Weimar Germany. In: Roseman, Mark (Hg.): Generation in conflict. Cambridge, , S. 125.

[61] Klaus-J Lorenzen-Schmidt: Drei Briefe des "Bauerngenerals" Claus Heims aus der Untersuchungshaft (1929/30). Online verfügbar unter http://www.beirat-fuer geschichte.de/fileadmin/pdf/band_15/Demokratische_Geschichte_Band_15_Essay_6.pdf (Stand: 02.09.10, 13:47), S. 6.

[62] Vgl. Volck, S. 241f.

[63] Vgl. Ebenda.

Stahlhelms gesehen, der zu einigen der Aktivisten der Landvolkbewegung enge Verbindungen pflegte:

> „Weißt du noch damals, als der Stahlhelm gegründet wurde, der Bund der Frontsoldaten, da ging es um das Kriegserlebnis, um nicht mehr und nicht weniger als das. [...]. Und einer haute dem anderen auf die Schulter und sagte: Mensch, weißt du noch, am Chemin des Dames? [...]. Und das war das Kriegserlebnis".[64]

Hamkens dagegen, der als einziger der angesprochenen Aktivisten der Landvolkbewegung als einfacher Soldat und nicht im Rang eines Offizieres an der Front war, spricht sich konsequent für passiven Widerstand aus, und dass obwohl er Mitglied des Stahlhelms war.

Die Motivation für Ernst von Salomon wiederum, sich als junger Mann für die Freikorps zu melden, war meiner Meinung nach die gleiche wie die, sich der Landvolkbewegung anzuschließen. Diese beschreibt er ebenfalls in seinem autobiographischen Werk „Der Fragebogen":

> „Was mich drängte, drei Jahre nach dem Krieg freiwillig in eine Truppe einzutreten, das war einfach: [...] das soldatische Leben sagte mir zu, besonders dies, das sehr einem romantischen Indianerspiel glich. Und sicherlich verspürte ich auch den Wunsch, den drückenden Bedingungen eines Versuches der bürgerlichen Existenz auszuweichen, was so unangenehm unausweichlich war".[65]

Der ungleiche Kampf der Bauern gegen die übermächtige Weimarer Regierung mochte ihm möglicherweise wie das „romantische Indianerspiel" vorgekommen sein und eine willkommene Gelegenheit, sich dem bürgerliches Leben weiter zu entsagen. Auch deshalb lässt er in seinem Roman einen Kompagnon bei der Brigade Ehrhardt sagen: „Leute wie Du und ich, wir sind eben nicht geschaffen für das bürgerliche Leben. Wir können da nicht atmen".[66] Ihr Leben sei daher „ohne Sinn, außer sie ziehen aus dem, was sie tun eine Art Verpflichtung".[67] Und diese Verpflichtung sahen sie in der Landvolkbewegung. Dort konnten sie ihren Kampf weiter führen, auf den sie durch den militärischen Erziehungsstil im Kaiserreich vorbereitet wurden, der ihnen durch das scheinbar plötzliche Ende des Ersten Weltkrieges erst verwehrt und dann in den Freikorps kurz ermöglicht wurde. Doch da die junge Generation mit den dort erzielten Ergebnissen nicht zufrieden war, wollte sie weiter kämpfen für ihre Idee einer neuen Nation. Ein großer Teil der älteren, namentlich die Verantwortlichen in der Weimarer Republik, hinderten sie an diesem Kampf, der doch für sie vor allem in der Kindheit als das „heitere Kriegsspiel" begann.

An dieser Stelle wird zum einen der Generationen-Konflikt in der Weimarer Republik deutlich, deren Parteien und Administration in personeller Hinsicht keinen großen Umbruch

---

[64] Salomon, S. 102.
[65] Salomon, S. 153.
[66] Ebenda, S. 92.
[67] Ebenda, S. 121.

nach dem Ende des Kaiserreiches erlebt hatten. Dadurch wurden der Jugend, neben dem ohnehin schon erschwerten Zugang zum Arbeitsmarkt, auch Machtpositionen innerhalb des Staates vorenthalten. Da allerdings auch Angehörige der Frontgeneration zu den führenden Kräften der Landvolkbewegung gehört hatten, wird hier zum anderen die Problematik der Einteilung von Generationen deutlich. So könnte man im Kontext der Landvolkbewegung von einer Symbiose der Angehörigen zweier Generationen aus relativ nah benachbarten Jahrgängen (1884 bis 1902) sprechen. Denn Generationen agieren schließlich nicht in hermetisch abgeriegelten Räumen, sondern kommen in Kontakt mit Mitgliedern anderer Generationen. Selbst wenn sie unterschiedliche Erfahrungen, in diesem Fall mit ein und demselben welthistorischen Ereignis, gemacht haben, können sie zu identischen Schlussfolgerungen gelangen.

In dem geschilderten Fall der Aktivisten der Landvolkbewegung liegt das Gemeinsame darin begründet, dass es sowohl Claus Heim und Herbert Volck, als auch den Brüdern Salomon und anderen Nationalrevolutionären in erster Linie um den Kampf gegen das System ging.

Dieser Umschwung in der Kollektivpsychologie und die Mobilisierung innerhalb der jungen Generation wurde letztlich von den Nationalsozialisten ausgenutzt.[68] Doch nicht nur aufgrund dessen konnte die nationalsozialistische Bewegung, vor allem in Schleswig-Holstein, erste Erfolge feiern.

4. Die Landvolkbewegung und der Nationalsozialismus

In Reaktion auf die ersten Bomben, distanzierten sich die NSDAP von der „Bürgerkriegspraxis" einiger Mitglieder der Landvolkbewegung. Als deren Führer, Claus Heim, dann verhaftet und ins Gefängnis gebracht wurde und auch die Zeitung „Das Landvolk" 1930 in Konkurs ging, war dies gleichbedeutend mit dem Niedergang der gesamten Bewegung. Auf diese Weise wurde allerdings den Nationalsozialisten in Schleswig-Holstein der Weg frei gemacht, da der Legitimationsanspruch etlicher Parteien und Verbände von der Bewegung weggefegt wurde.[69]

Einen generellen Schwenk auf der politischen Skala nach Rechts hatte das Land bereits nach Ende der bürgerkriegsähnlichen Auseinandersetzungen erlebt: Während 1919 noch drei

---

[68] Vgl. Wehler, S. 236.
[69] Vgl. Wehler, S. 338.

Viertel der Wähler für die beiden Sozialdemokratischen Parteien stimmten, entschied sich 1924 die Mehrheit des Wahlvolkes für republikfeindliche Parteien. Die Gründe dafür sind vor allem in der Trauer um die alten Ordnungsstrukturen und den Verlust Nordschleswigs zu suchen. Für beides wurde das neue Weimarer System verantwortlich gemacht.[70] Zudem organisierten zahlreiche Vereinigungen, wie der Alldeutsche Verband oder der Stahlhelm, rechtsextremes Gedankengut an der Basis. Letzterer erreicht zudem gut die ländliche Bevölkerung.[71]

Auch die NSDAP traf mit ihren Parolen in Schleswig-Holstein auf offene Ohren. Und so konnte die Hitler-Partei dort bei den Reichstagswahlen 1928 mit 4 Prozent der Stimmen punkten, während es im Reichsdurchschnitt nur 2,6 Prozent waren.[72]

Ihr rascher Aufstieg setzte ein, als sie sich zunehmend auf die Landbevölkerung konzentrierte, nachdem sie vorher erfolglos versucht hatte, städtische Bevölkerungsgruppen für sich zu gewinnen. Hier traf die nationalsozialistische Bewegung dank der sich zuspitzenden Agrarkrise und der sich anschließenden Weltwirtschaftskrise auf einen perfekten Humus, aus dem ein neues Wählerreservoir hervorwuchs. Vorteilig war auch, dass die NSDAP auf dem protestantisch geprägten „platten Land" nicht mit Gegenspielern wie dem politischen Katholizismus oder dem städtischen Industrieproletariat rechnen musste. Dagegen konnte sie auf die Unterstützungsbereitschaft ohnehin schon rebellierender Bauern bauen.[73]

Dieses Potenzial erkannte als erster der selbst aus der bäuerlichen Protestbewegung stammende NS-Gauleiter Hinrich Lohse. Bei ihrer auf die Landbevölkerung zielenden Agitation verwandte die Hitler-Bewegung regionale Eigenheiten wie das Plattdeutsch, Mythen und verleibte sich den friesischen Leitspruch „Lewwer duad üs Slaaw" ein, um das Bauerntum zu erreichen. Ein eigenes Programm stellte die NSDAP dabei nicht auf die Beine, sondern bediente sich aus dem Potpourri an Ideen der völkischen, antisemitischen und radikal konservativen Kreise. Dabei propagierte sie vor allen Dingen romantisch harmonisierte Bilder der „guten alten Zeit" in Verbindung mit populistischen Schlagworten, die in der Region auf Anhänger stießen, wie Nation, Volk, Heimat und Scholle. Dagegen stellten sie ein diffuses Feindbild aus dem Moloch „Großstadt", der Demokratie und dem Parlamentarismus. Auf die jüngeren Wählerschichten machte außerdem ihre Dynamik großen Eindruck, ebenso wie die öffentlich zur Schau gestellte Stärke in Form von Aufmärschen und Straßenschlachten.[74]

---

[70] Vgl. Danker/ Schwabe, S. 11.
[71] Vgl. Ebenda, S. 18.
[72] Vgl. Weisbrod, S. 396.
[73] Vgl. Wehler, S. 338.
[74] Vgl. Danker/ Schwabe, S. 23ff.

Dass das Konzept in Schleswig-Holstein aufging, beweisen die Stimmengewinne, die die Partei nach dem ersten Wahlerfolg erzielte. So vereinte sie bereits bei den Reichstagswahlen 1930 über 27 Prozent der Stimmen in Schleswig-Holstein auf sich, während es im Reichsdurchschnitt lediglich 18,3 Prozent waren. Bei den zwei Jahre später stattfindenden Wahlen sprach sich sogar die absolute Mehrheit der Bürger für die Hitler-Partei aus.[75]

Damit war die NSDAP zur stärksten Partei des rechten Spektrums geworden, wobei die Anzahl der Wähler, die rechts wählten, nicht zunahm, sondern sich nur zugunsten der Nationalsozialisten verschoben hatte. Diese Entwicklung wurde von der Landvolkbewegung gefördert. Denn die vor aggressiver Tatkraft strotzende, personell jung aufgestellte Hitler-Bewegung, präsentierte sich als radikale Alternative für die von den traditionellen Parteien und Verbänden enttäuschten Anhänger. Auch weil die ideologischen Unterschiede zwischen den rechten Parteien marginal waren.

Betrachtet man die Wahlerfolge genauer, so zeigt sich, dass bei den Wählern der nationalsozialistischen Partei in Schleswig-Holstein ein klares Stadt-Land-Gefälle existierte. So schnitt die Partei in industriellen Zentren der Provinz am schlechtesten ab und verdankte ihren Erfolg in erster Linie der Landbevölkerung. Dabei fuhren die Nationalsozialisten in der gleichen Erfolgsspur wie wenige Jahre vor ihnen die Landvolkbewegung. Denn auch die Hitler-Bewegung feierte ihre ersten Erfolge bei den Kleinbauern in der Geest, die weiterhin unter den fallenden Schweinepreisen litten.[76]

Die Landvolkbewegung als solche auf ihre Seite zu ziehen gelang der NSDAP jedoch anfangs nicht. Zudem konkurrierte sie mit ihrer „Schleswig-Holsteinischen Tageszeitung" gegen die „Landvolk"-Zeitung um die Leser auf dem „platten Land". Dabei stand die Redaktion um den Schriftleiter Bruno von Salomon der nationalsozialistischen Bewegung äußerst kritisch gegenüber. Vor allem, da sie als Partei den Weg innerhalb des Systems zu gehen schienen, das die Nationalrevolutionäre bekämpften.

Erst mit dem von den Nationalsozialisten zur „Blutnacht von Wöhrden" hochstilisierten Provokationsmarsch der SA in der dithmarscher Gemeinde am 07. März 1929, bei dem nach einer Auseinandersetzung mit Kommunisten „zwei bäuerliche Opfer der Bewegung – und ein Kommunist – zu beklagen waren, gelang es der Agitation der NSDAP, im Landvolk Fuß zu fassen".[77] Denn für die Beisetzung der beiden getöteten SA-Männer reiste extra Adolf Hitler

---

[75] Vgl. Weisbrod, S. 396.
[76] Vgl. Danker/ Schwabe, S. 20f.
[77] Weisbrod, S. 405.

an, um vor 5.000 Trauernden zu sprechen, womit er den Mythos von Wöhrden schaffte, der fortan propagandistisch ausgeschlachtet wurde.[78]

Während des sich anschließenden Siegeszugs der NSDAP beerbte sie die Landvolkbewegung und unterwanderte zudem mittels Doppelmitgliedschaften den konservativen Landbund, der mit dem kleinbäuerlichen Bauernbund fusioniert hatte, und nahm damit den letzten Resten der Landvolkbewegung die organisatorische Basis, was jede Neuformierung unmöglich machte.[79]

Diese, schon zu Beginn der Landvolkbewegung einsetzende, Auflösung der traditionellen Interessensvertretungen und ihrer Rückbindung an das politische Parteiensystem war insgesamt die entscheidende Voraussetzung für den Siegeszug der NSDAP:

„So scheiterte der Versuch einer reformerischen-bäuerlich-bürgerlichen Sammlungsbewegung als Alternative zur revolutionären NSDAP im Ansatz an der großen Differenz des politischen Bewusstseins und der Organisationsweise zwischen den Verbänden und Parteien, den liberaldemokratischen, Weimaranern' und den bündisch-nationalen Jungkonservativen".[80]

5. Fazit und Ausblick

Ihre Wurzeln hatte die Landvolkbewegung in der Unzufriedenheit der Bauern mit den wirtschaftlichen Verhältnissen, für welche sie die Weimarer Regierung beziehungsweise den ganzen Staat verantwortlich machte. Daher sehnte sich das, von undemokratischen Dorfoligarchien durchzogene Land, nach der Stabilität und Ordnung des Kaiserreiches. Diese schien zunächst, unwiederbringlich in den Wirren der Nachkriegsjahre verloren gegangen zu sein. Da sich die Interessensvertretungen der Bauern währenddessen auf keine gemeinsame Linie einigen können, blieb eine adäquate Artikulation beziehungsweise eine sich daran anschließende Umsetzung der Wünsche und Nöte des Landvolks an beziehungsweise von den Parteien aus. Darüber hinaus verspielte die DNVP, die sich als Repräsentantin des Bauerntums verstand, durch ihr Agieren in der Regierung ihren Kredit auf dem Land.

Mit der fortschreitenden Radikalisierung der Landvolkbewegung wurde sie dann für außerhalb des klassischen Verbandswesens stehende rechte Organisationen attraktiv. Über den Stahlhelm und persönliche Verbindungen gelangten auf diese Weise mehr und mehr politische Aktivisten nach Schleswig-Holstein. Diese gaben zwar an, dass sie die Bauern bei

---

[78] Vgl. Danker/ Schwabe, S. 26.
[79] Vgl. Weisbrod, S. 407.
[80] Stoltenberg, S. 155.

ihrer, von Existenzangst angetriebenen, Sache helfen wollten. Letztlich ging es den überwiegend jungen „Unterstützern" jedoch nur um die Weiterführung ihres persönlichen Kampfes, um die Durchsetzung ihrer Idee eines „Dritten Reiches".

Jene, für deren Umsetzung sie sich schon freiwillig bei den Freikorps gemeldet hatten und die sie nach dem Verbot der Kampftrupps über die verschiedenen Nachfolgeorganisationen wie der Organisation Consul oder den Stahlhelm zu realisieren versuchten. Als darunter liegende Motive kann man den militärischen Erziehungsstil zu Beginn des 20. Jahrhunderts, die katastrophalen Berufsaussichten und eine aus beiden genannten Gründen resultierende Abkehr vom bürgerlichen Leben ausmachen. Was die Aktivisten, die überwiegend der Kriegsjugend, aber auch der Frontgeneration angehörte, zusätzlich prägte, war ein Mangel an Verständnis für die Formen der Zivilgesellschaft, die nach Jürgen Habermas als Vermittlungsinstanz zwischen politischer Öffentlichkeit und alltäglicher Lebenswelt zu verstehen ist. Voraussetzung dafür sei nach Habermas unter anderem eine rationalisierte Lebenswelt.[81] Gerade die neokonservativen Intellektuellen aber – die in der Redaktion der „Landvolk"-Zeitung als Meinungsmacher agierten – verdunkelten laut Hans Mommsen den Sinn für rationale Politik.[82] Insgesamt stellt daher der Politikwissenschaftler Walter Reese-Schäfer fest, dass

> „[die] Weimarer Republik als Phase hoher politischer Mobilisierung und Basisaktivität gerade kein Vorbild zivilgesellschaftlichen Engagements [war], das sowohl auf die demokratische Qualität der Institutionen als auch auf eine gewisse Bürgerlichkeit im Sinne von Zivilität angewiesen ist. Zivilität ist hierfür das treffende Wort, denn es waren ja uniformierte Schlägertrupps, die das Straßenbild in der Schlussphase der Weimarer Republik dominiert haben".[83]

Meiner Meinung nach wäre es durchaus sinnvoll, das Konzept der Zivilgesellschaft von Jürgen Habermas, beziehungsweise ihr Versagen oder ihr einfaches Nichtvorhandensein als Erklärungskonzept für den Aufstieg der Landvolkbewegung als auch für das generationelle Verlangen nach Kampf bei den Meinungsführern der Bewegung anzuwenden.

Es erklärt dann nämlich in Verbindung mit anderen Ursachen (Wirtschaftschaos, Angst vor der Moderne, völkische Propaganda) den Aufstieg der Nationalsozialisten. Ihnen gelang es, die durch die Landvolkbewegung verbrannten Felder der intermediären Strukturen wieder zu bestellen, in dem sie es verstanden, das noch bestehende Protestpotenzial der Landbevölkerung politisch zu artikulieren.

Abschließend möchte ich sagen, dass die historische Analyse Landvolkbewegung in Schleswig-Holstein in meinen Augen bisher viel zu kurz gekommen ist, angesichts des

---

[81] Vgl. Walter Reese-Schäfer (2006): Politische Theorie der Gegenwart in fünfzehn Modellen. München (Lehr- und Handbücher der Politikwissenschaft).
, S. 93f.
[82] Vgl. Mommsen, S. 125.
[83] Reese-Schäfer, S. 95.

historischen Potenzials, das in ihr steckt. Denn sie kann meiner Ansicht nach als Miniaturmodell der krankenden Weimarer Republik angesehen werden, die sich ihren Henkern letztlich selbst auslieferte.

6. Literatur- und Quellenverzeichnis

6.1 Quellen

Fallada, Hans (1991): Bauern, Bonzen und Bomben. Reinbek bei Hamburg.

Haffner, Sebastian (2001): Geschichte eines Deutschen. Die Erinnerungen 1914-1933. Stuttgart, München.

Lorenzen-Schmidt, Klaus-J: Drei Briefe des "Bauerngenerals" Claus Heims aus der Untersuchungshaft (1929/30). Online verfügbar unter http://www.beirat-fuer-geschichte.de/fileadmin/pdf/band_15/Demokratische_Geschichte_Band_15_Essay_6.pdf (Stand: 02.09.10, 13:47).

Salomon, Ernst von (1951): Der Fragebogen. Hamburg.

Volck, Herbert (1932): Rebellen um Ehre. Berlin.

6.2 Literatur

Bessel, Richard (1995): The 'Front Generation' and the Politics of Weimar Germany. In: Roseman, Mark (Hg.): Generation in conflict. Cambridge, S. 121–136.

Danker, Uwe/ Schwabe Astrid (2005): Schleswig-Holstein und der Nationalsozialismus. Neumünster.

Herbert, Ulrich (2003): Drei politische Generationen im 20. Jahrhundert. In: Reulecke, Jürgen (Hg.): Generationalität und Lebensgeschichte im 20. Jahrhundert. München (Schriften des Historischen Kollegs: Kolloquien, 58), S. 95–114.

Krüger, Gabriele (1971): Die Brigade Ehrhardt. Hamburg (Hamburger Beiträge zur Zeitgeschichte, 7).

Mohler, Armin/ Weissmann Karlheinz (2005): Die Konservative Revolution in Deutschland 1918-1932. Ein Handbuch. Graz.

Mommsen, Hans (2003): Generationskonflikt und politische Entwicklung in der Weimarer Republik. In: Reulecke, Jürgen (Hg.): Generationalität und Lebensgeschichte im 20. Jahrhundert. München (Schriften des Historischen Kollegs: Kolloquien, 58), S. 115–126.

Peukert, Detlev J. K. (1987): Die Weimarer Republik. Krisenjahre der klassischen Moderne. Frankfurt am Main (Neue Historische Bibliothek edition suhrkamp, 282).

Reese-Schäfer, Walter (2006): Politische Theorie der Gegenwart in fünfzehn Modellen. München (Lehr- und Handbücher der Politikwissenschaft).

Rusinek, Bernd A. (2003): Krieg als Sehnsucht. Militärischer Stil und "junge Generation" in der Weimarer Republik. In: Reulecke, Jürgen (Hg.): Generationalität und Lebensgeschichte im 20. Jahrhundert. München (Schriften des Historischen Kollegs: Kolloquien, 58), S. 127–144.

Stoltenberg, Gerhard (1962): Politische Strömungen im schleswig-holsteinischen Landvolk 1918-1933. Ein Beitrag zur politischen Meinungsbildung in der Weimarer Republik. Düsseldorf (Beiträge zur Geschichte des Parlamentarismus und der politischen Parteien, 24).

Wehler, Hans-Ulrich (2003): Vom Beginn des Ersten Weltkriegs bis zur Gründung der beiden deutschen Staaten 1914-1949. München (Deutsche Gesellschaftsgeschichte, 4).

Weisbrod, Bernd (1990): Die Krise der Mitte oder: "Der Bauer stund auf im Lande". In: Niethammer, Lutz (Hg.): Bürgerliche Gesellschaft in Deutschland. Historische Einblicke, Fragen, Perspektiven. Frankfurt am Main, S. 396–410.

Wildt, Michael (2002): Generation des Unbedingten. Das Führungskorps des Reichssicherheitshauptamtes. Hamburg.